BEI GRIN MACHT SICH IHR WISSEN BEZAHLT

- Wir veröffentlichen Ihre Hausarbeit, Bachelor- und Masterarbeit

- Ihr eigenes eBook und Buch - weltweit in allen wichtigen Shops

- Verdienen Sie an jedem Verkauf

Jetzt bei www.GRIN.com hochladen und kostenlos publizieren

Bibliografische Information der Deutschen Nationalbibliothek:

Die Deutsche Bibliothek verzeichnet diese Publikation in der Deutschen Nationalbibliografie; detaillierte bibliografische Daten sind im Internet über http://dnb.d-nb.de/ abrufbar.

Dieses Werk sowie alle darin enthaltenen einzelnen Beiträge und Abbildungen sind urheberrechtlich geschützt. Jede Verwertung, die nicht ausdrücklich vom Urheberrechtsschutz zugelassen ist, bedarf der vorherigen Zustimmung des Verlages. Das gilt insbesondere für Vervielfältigungen, Bearbeitungen, Übersetzungen, Mikroverfilmungen, Auswertungen durch Datenbanken und für die Einspeicherung und Verarbeitung in elektronische Systeme. Alle Rechte, auch die des auszugsweisen Nachdrucks, der fotomechanischen Wiedergabe (einschließlich Mikrokopie) sowie der Auswertung durch Datenbanken oder ähnliche Einrichtungen, vorbehalten.

Impressum:

Copyright © 2018 GRIN Verlag
Druck und Bindung: Books on Demand GmbH, Norderstedt Germany
ISBN: 9783668850255

Dieses Buch bei GRIN:

https://www.grin.com/document/452545

Sebastian Boden

Jahresabschlussanalyse, Controlling und Kostenrechnung (Einsendeaufgabe Fitnessökonomie BWL 3)

GRIN Verlag

GRIN - Your knowledge has value

Der GRIN Verlag publiziert seit 1998 wissenschaftliche Arbeiten von Studenten, Hochschullehrern und anderen Akademikern als eBook und gedrucktes Buch. Die Verlagswebsite www.grin.com ist die ideale Plattform zur Veröffentlichung von Hausarbeiten, Abschlussarbeiten, wissenschaftlichen Aufsätzen, Dissertationen und Fachbüchern.

Besuchen Sie uns im Internet:

http://www.grin.com/

http://www.facebook.com/grincom

http://www.twitter.com/grin_com

Deutsche Hochschule für
Prävention und Gesundheitsmanagement
Hermann Neuberger Sportschule 3
66123 Saarbrücken

Einsendeaufgabe

Fachmodul: BWL 3

Studiengang: Fitnessökonomie

Datum
Präsenzphase: 12. - 15.03.2018

Name, Vorname: Boden, Sebastian

Studienort: **Stuttgart**

Semester: **SS 2016**

Inhaltsverzeichnis

1 JAHRESABSCHLUSSANALYSE ... 3

1.1 Teilanalyse der Jahresabschlussanalyse ... 3
    1.1.1 Vertikale Strukturanalyse (Passivseite) für 2015 und 2016 ... 3
    1.1.2 Kurzfristige Finanzanalyse für 2015 und 2016 ... 4
    1.1.3 Erfolgsanalyse (Rentabilitätskennzahlen) für 2015 und 2016 ... 5

1.2 Wirtschaftliche Entwicklung ... 5

2 CONTROLLING ... 7

2.1 Entwicklung eines Kennzahlensystems ... 7

2.2 Entwicklung eines Contollingsystems ... 8

2.3 Interpretation Controllingsystem ... 8

3 KOSTENRECHNUNG ... 9

3.1 Zuschlagskalkulation ... 9

3.2 Deckungsbeitragsrechnung ... 10

3.3 Interpretation einer Deckungsbeitragssituation ... 11

4 LITERATURVERZEICHNIS ... 12

5 ABBILDUNGS- UND TABELLENVERZEICHNIS ... 12

5.1 Abbildungsverzeichnis ... 12

5.2 Tabellenverzeichnis ... 12

1 Jahresabschlussanalyse

1.1 Teilanalyse der Jahresabschlussanalyse

1.1.1 Vertikale Strukturanalyse (Passivseite) für 2015 und 2016

Der Studienbrief „Betriebswirtschaftslehre III" bildet die wissenschaftliche Grundlage zur Bearbeitung der Hausarbeit.[1]
Bei einer vertikalen Strukturanalyse (Passivseite) werden die entsprechenden Posten der Passivseite in ein Verhältnis zueinander gesetzt. Man versteht hierunter die Analyse der Kapitalherkunft, sowie den Verschuldungsgrad und die Kapitalumschlagshäufigkeit.

- **Eigenkapitalquote 2015**: ($\frac{Eigenkapital\ (EK)}{Gesamtkapital\ (GK)}$ x 100) → ($\frac{1.245,8\ T€}{2.139,1\ T€}$ x 100) = **58,2%**

- **Eigenkapitalquote 2016**: ($\frac{EK}{GK}$ x 100) → ($\frac{1.428,0\ T€}{2.721,8\ T€}$ x 100) = **52,5%**

- **Fremdkapitalquote 2015**: ($\frac{Fremdkapital\ (=Rückstellungen+Verbindlichkeiten)}{GK}$ x 100) → ($\frac{105,3\ T€+788\ T€}{2.139,1\ T€}$ x 100) = **41,8%**

- **Fremdkapitalquote 2016**: ($\frac{Fremdkapital\ (=Rückstellungen+Verbindlichkeiten)}{GK}$ x 100) → ($\frac{100,5\ T€+1.193,3\ T€}{2.721,8\ T€}$ x 100) = **47,5%**

- **Verschuldungsgrad 2015**: ($\frac{Fremdkapital\ (FK)}{EK}$ x 100) → ($\frac{105,3\ T€+788\ T€}{1.245,8\ T€}$ x 100) = **71,7%**

- **Verschuldungsgrad 2016**: ($\frac{FK}{EK}$ x 100) → ($\frac{100,5\ T€+1.193,3\ T€}{1.428,0\ T€}$ x 100) = **90,6%**

- **Kapitalumschlagshäufigkeit 2015**: ($\frac{Umsatz}{Durchschnittliches\ GK}$) → ($\frac{3.150.257\ €}{2.139.100\ €}$) = **1,47** (Als durchschnittliches GK wird die Summe Aktiva per 31.12.2015 angesetzt, da der Ausgangswert per 01.01.2015 nicht vorliegt.)

- **Kapitalumschlagshäufigkeit 2016**: ($\frac{Umsatz}{Durchschnittliches\ GK}$) → ($\frac{3.652.369\ €}{2.430.450\ €}$) = **1,50**

---
[1] DHfPG (2017)

1.1.2 Kurzfristige Finanzanalyse für 2015 und 2016

Bei der kurzfristigen Finanzanalyse werden die Kennzahlen der Liquidität 1. Grades, der Gewinn, der Cashflow und das Working Capital betrachtet.

- **Liquidität 1. Grades 2015**: ($\frac{\text{Zahlungsmittelbestand}}{\text{kurfristige Verbindlichkeiten}}$ x 100)

  → ($\frac{83,5 \text{ T€}}{291,5 \text{ T€}}$ x 100) = **28,6%**

- **Liquidität 1. Grades 2016**: ($\frac{\text{Zahlungsmittelbestand}}{\text{kurfristige Verbindlichkeiten}}$ x 100)

  → ($\frac{119,1 \text{ T€}}{360,6 \text{ T€}}$ x 100) = **33%**

- **Gewinn 2015**: Gesamtkapital x Gesamtkapitalrentabilität %
  → 2.139,1 T€ x 5,25% = **112,3 T€**
- **Gewinn 2016**: Gesamtkapital x Gesamtkapitalrentabilität %
  → 2.721,8 T€ x 7,41% = **201,7 T€**

- **Cashflow 2015**: Gewinn + Abschreibungen → 112,3 T€ + 72,250 T€ = **184,55 T€**
- **Cashflow 2016**: Gewinn + Abschreibungen → 201,7 T€ + 94,360 T€ = **296,06 T€**

- **Working Capital 2015**: Umlaufvermögen – kurzfristige Verbindlichkeiten
  → 651,4 T€ - 291,5 T€ = **359,9 T€**
- **Working Capital 2016**: Umlaufvermögen – kurzfristige Verbindlichkeiten
  → 662,7 T€ - 360,6 T€ = **302,1 T€**

1.1.3 Erfolgsanalyse (Rentabilitätskennzahlen) für 2015 und 2016

Betrachtet werden nur die Umsatzerlöse, nicht der Gewinn (Hinweis des Dozenten Wolf). Unter einer Erfolgsanalyse (Rentabilitätskennzahlen) versteht man die Betrachtung der Gewinnänderungsrate, der Eigenkapitalrentabilität, sowie der Umsatzrentabilität.

- **Gewinnänderungsrate**: ($\frac{\text{Gewinn Geschäftsjahr}}{\text{Gewinn Vorjahr}}$ x 100) → ($\frac{201,7 \text{ T€}}{112,3 \text{ T€}}$ x 100) = **179,6%**

  → Änderung von **79,6%**

- **Eigenkapitalrentabilität 2015**: ($\frac{\text{Gewinn}}{\text{Eigenkapital}}$ x 100) → ($\frac{112,3 \text{ T€}}{1.245,8 \text{ T€}}$ x 100) = **9,0%**
- **Eigenkapitalrentabilität 2016**: ($\frac{\text{Gewinn}}{\text{Eigenkapital}}$ x 100) → ($\frac{201,7 \text{ T€}}{1.428 \text{ T€}}$ x 100) = **14,1%**

- **Umsatzrentabilität 2015**: ($\frac{\text{Gewinn}}{\text{Umsatz}}$ x 100) → ($\frac{112,3 \text{ T€}}{3.150.257 \text{ €}}$ x 100) = **3,6%**
- **Umsatzrentabilität 2016**: ($\frac{\text{Gewinn}}{\text{Umsatz}}$ x 100) → ($\frac{201,7 \text{ T€}}{3.652.369 \text{ €}}$ x 100) = **5,5%**

1.2 Wirtschaftliche Entwicklung

1) Der Umsatz ist von 2015 auf 2016 um 502.111 € (15,94%) gestiegen.

2015	2016	2016-2015
3.150.258 €	3.652.369 €	+ 502.111 €

→ Die Umsatzsteigerung ist positiv zu bewerten.

2) Die Gesamtkapitalrentabilität ist um 2,16% auf 7,41% gestiegen.

2015	2016	2016-2015
5,25%	7,41%	+ 2,16%

→ Der Anstieg der Gesamtkapitalrentabilität ist positiv zu bewerten.

3) Das EK ist um 182,2 T € (14,63 %) gestiegen.

2015	2016	2016-2015
1.245,8 T€	1.428,0 T€	+ 182,2 T€

→ Die Steigerung des EK ist positiv zu bewerten.

4) Das Fremdkapital ist um 400,5 T € (44,82%) gestiegen.

2015	2016	2016-2015
Rückstellungen 105,3 T€+ Verbindlichkeiten 788 T€ = 893,3 T€	Rückstellungen 100,5 T€+ Verbindlichkeiten 1.193,3 T€ = 1.293,8 T€	+ 400,5 T€

→ Es entsteht ein deutlicher Anstieg der Verschuldung.

Grundsätzlich ist ein Verschuldungsanstieg kritisch zu bewerten, da bei einem Zinsanstieg die Gefahr eines Liquiditätsengpasses besteht. In diesem Fall ist die Bewertung allerdings neutral, da mittels der langfristigen Verbindlichkeiten langfristige Wirtschaftsgüter (Sachanlagen) erworben und finanziert wurden.

5) Die Bilanzsumme ist um 582,8 T€ (27,24%) gestiegen.

2015	2016	2016-2015
2.139,1 T€	2.721,9 T€	+ 582,8 T€

- Der Anstieg der Bilanzsumme resultiert nahezu vollständig aus der Steigerung der Sachanlagen (89,9%).
- Die Anschaffungen in Sachanlagen sind von 2015 auf 2016 um 523,9 T€ (48,27%) gestiegen.

2015	2016	2016-2015
1.085,3 T€	1.609,2 T€	+ 523,9 T€

→ Diese Steigerung ist aufgrund einer langfristigen Investition als positiv zu bewerten.

- Die Steigerung um 523,9 T€ ist durch den Anstieg des EK (182,2 T€), sowie der langfristigen Verbindlichkeiten (336,2 T€) nahezu voll finanziert.

Fazit: Es liegt ein gesundes Wachstum vor, da langfristige Wirtschaftsgüter (Sachanlagen) durch langfristig zur Verfügung stehendes Kapital (EK & langfristige Verbindlichkeiten) finanziert sind.

2 Controlling

2.1 Entwicklung eines Kennzahlensystems

Abb. 1: Kennzahlensystem

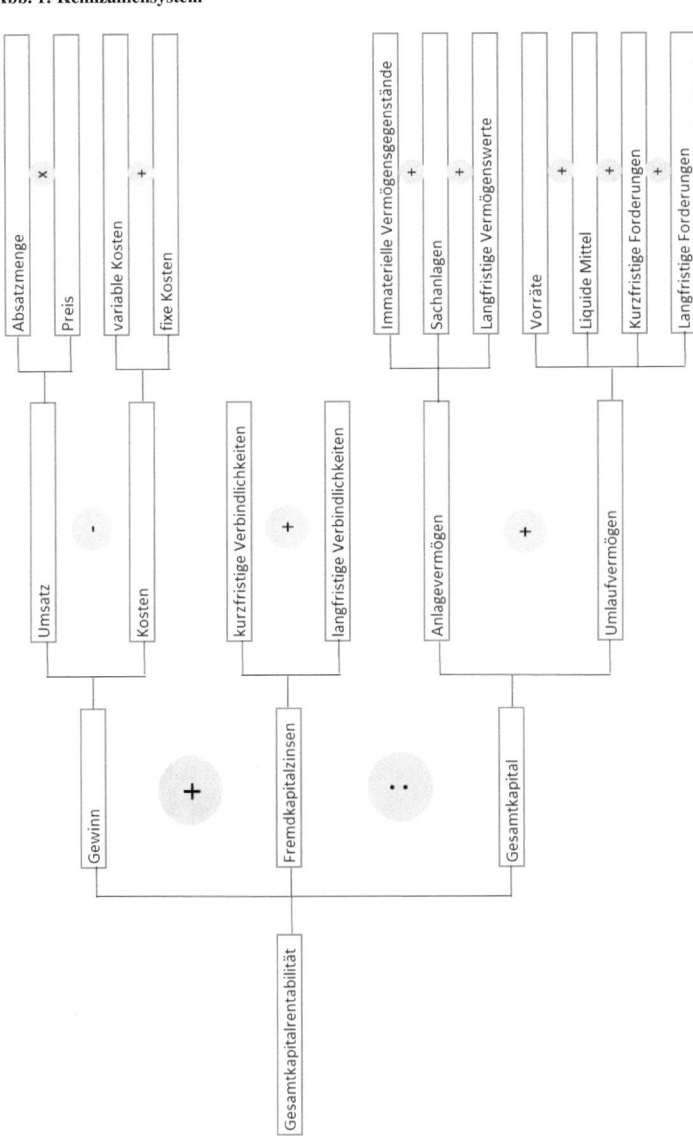

2.2 Entwicklung eines Controllingsystems

Tab. 1: Entwicklung eines Controllingsystems

in T€	Istzahlen 2015	geplante Abweichung in %	Planzahlen 2016	Istzahlen 2016	Abweichung 2016 zu 2015 in %
Anlagevermögen					
immaterielle Vermögenswerte	239,30	-3%	232,12	235,60	-1,55%
Sachanlagen	1.085,30	+40%	1.519,42	1.609,20	+48,27%
langfristige Vermögenswerte	136,10	+15%	187,57	214,30	+31,39%
Umlaufvermögen					
Vorräte	201,70	-10%	181,53	237,50	+17,75%
Liquide Mittel	83,50	+22,5%	102,29	119,10	+42,63%
Kurzfristige Forderungen	110,50	-9%	100,56	96	-13,12%
langfristige Forderungen	255,70	-12%	225,02	210,10	-17,83%
Umsatz	3.150.257	+8,5%	3.418.028	3.652.369	+15,94%
Fremdkapitalzinssatz	4,36%	wie 2015	4,36%	2,33%	-46,56%
Gesamtkosten	3.057.937	+5%	3.210.833	3.470.146	+13,48%
Fixkostenanteil	60%	-	60%	55%	-5%

2.3 Interpretation Controllingsystem

1) Planungen sind grundsätzlich mit Unsicherheiten verbunden, wodurch es immer wieder zu Abweichungen zwischen Plan- und Istzahlen kommen kann.
2) Der Verkaufspreis der kleinen Eigenmarke wurde zu einem geringeren Preis verkauft.
3) Der Handlungsspielraum gegenüber den Lieferanten hat sich mit +25,6 T€ anstatt + 18,8 T€ als noch größer als geplant herausgestellt (Kurzfristige Forderungen -14,6 T€ anstatt -19 T€, langfristige Forderungen -45,6 T€ anstatt -30,7 T€).
4) Der Workshop „Effektives Forderungsmanagement" hat ihnen so viel Know-How eingebracht, dass sowohl die kurz-, als auch die langfristigen Forderungen deutlich reduziert werden konnten, als geplant.
5) Die Produkte haben sich als noch besser herausgestellt, sodass mit +502,1 T€ anstatt +267,8 T€ eine deutlich höhere Umsatzsteigerung erzielt werden konnte. Bei gleichbleibenden Kosten sank dadurch der Fixkostenanteil um 5% anstatt 0%.

3 Kostenrechnung

3.1 Zuschlagskalkulation

Tab. 2: Handelskalkulation

Einkaufspreis	82,71 €	119%
Listenverkaufspreis	69,50 €	100%
- Rabatt (2,4%)	1,67 €	
= Zieleinkaufspreis	67,83 €	
- Skonto (1%)	0,68 €	
= Bareinkaufspreis	67,15 €	
+ Bezugskosten*	2,25 €	
= Bezugspreis / Einstandspreis	69,40 €	
+ Handlungskosten** (63,14%)	43,82 €	
= Selbstkosten	113,22 €	
+ Gewinn (38%)	43,02 €	
= Barverkaufspreis	156,24 €	97%
+ Skonto (3%)	4,83 €	
= Zielverkaufspreis	161,07 €	96%
+ Rabatt (4%)	6,71 €	
= Listenverkaufspreis (netto)	167,78 €	100%
= **Verkaufspreis (brutto)**	199,66 €	119%

***Bezugskosten:**
Versandkosten 0,75 € + Zollgebühren 1,50 €

****Handlungskosten:**

$$\frac{\text{Miete } 90.100\ € + \text{Versicherung } 4.096\ € + \text{Personal } 72.690\ € + \text{Vertrieb } 5.240\ €}{\text{Wareneinsatzkosten } 272.600\ €} \times 100 = 63{,}14\%$$

3.2 Deckungsbeitragsrechnung

- Durchschnittlich 240 Kaufinteressenten pro Monat
  → 1/3 macht Laufbandanalyse (80 pro Monat)
  → 70% kaufen (56 pro Monat)
- 80 Personen - 56 Personen (70%) = 24 Personen (30%) bezahlen die Laufbandanalyse
- 56 x 5 € = 280 € p.M. Provision MA
- 20 m^2 von 1.200 m^2

$$\frac{20}{1.200} \times 100 = 1,67\%$$

Miete 8.900 € (netto) x 1,67% = 148,63 € p.M. (anteilige Miete)
- NK: 5% aus 8.900 = 445,- € x 1,67% = 7,43 €
  → 148,63 € + 7,43 € = 156,04 € p.M.
- Anschaffungskosten (Laufband)   (brutto)   3.850 €
  (netto)   3.235,29 €

Abschreibung auf 6 Jahre (72 Monate) = 44,93 € monatlich lauf AfA

→ **Kosten:**

MA Provision	=	280,00 €
Miete + NK	=	156,06 €
Abschreibung	=	44,93 €
		480,99 €

$$\frac{480,99\ €}{80\ Personen} = 6,01\ €\ \text{pro Laufbandanalyse}$$

$$\frac{56\ Personen}{80\ Personen} = 70\%\ \text{der TN bekommen 50\% Rabatt}$$

→ 70% x 30% = 35% Rabatt

6,01 €

3,24 € → ($\frac{6,01 \times 35\%}{65\%}$)

= **9,25 € netto**

+ 1,76 MwSt. → (19% x 9,25 €)

= **11,01 brutto**

9,25 € x 80 = 740 € - Rabatte (9,25 x 56 x 50 %) = **481 €**

Die Differenz der Kosten von 480,99 € zu den Einnahmen von 481 € basieren auf einer Rundungsdifferenz von 1 ct. die durch die 2.te Nachkommastelle verursacht wird.

→ Der Deckungsbeitrag ist somit nicht negativ.

Fazit: Bei einem Bruttoverkaufspreis von 11,01€/Laufbandanalyse wird der Deckungsbeitrag nicht negativ.

3.3 Interpretation einer Deckungsbeitragssituation

Die Aussage „sollte der Deckungsbeitrag II eines Unternehmensbereiches negativ sein, der Deckungsbeitrag I jedoch positiv, so ist die einzig richtige Unternehmensstrategie, dass dieser Geschäftsbereich aufgegeben werden muss!" ist falsch.

Die Summe der Gemeinkosten des Unternehmens wird auf alle Unternehmensbereiche umgelegt. Fällt ein Geschäftsbereich weg, bleiben die Gemeinkosten trotzdem bestehen und werden auf die verbliebenen Geschäftsbereiche verteilt. Dies führt zu keiner Kostenersparnis!

Nur wenn auch die Gemeinkosten des Geschäftsbereichs eingespart werden könnten, wäre die Aufgabe dieses Bereichs sinnvoll. Ansonsten gilt: solange ein positiver Deckungsbeitrag I erwirtschaftet wird, ist die Fortführung sinnvoll, es sei denn es könnten noch Gemeinkosten eingespart werden.

4 Literaturverzeichnis

Deutsche Hochschule für Prävention und Gesundheitsmanagement (DHfPG) (August 2017). Studienbrief Betriebswirtschaftslehre III. Saarbrücken, Saarland.

5 Abbildungs- und Tabellenverzeichnis

5.1 Abbildungsverzeichnis

Abb. 1: Kennzahlensystem 7

5.2 Tabellenverzeichnis

Tab. 1: Entwicklung eines Controllingsystems 8
Tab. 2: Handelskalkulation 9

BEI GRIN MACHT SICH IHR WISSEN BEZAHLT

- Wir veröffentlichen Ihre Hausarbeit, Bachelor- und Masterarbeit

- Ihr eigenes eBook und Buch - weltweit in allen wichtigen Shops

- Verdienen Sie an jedem Verkauf

Jetzt bei www.GRIN.com hochladen und kostenlos publizieren